L'EXPÉDITION

DES

ALLEMANDS EN FRANCE

Au mois d'octobre 1575

ET LA BATAILLE DE DORMANS

D'APRÈS LES PIÈCES DU TEMPS

PAR

M. G. BAGUENAULT DE PUCHESSE

Membre de la Société archéologique et historique de l'Orléanais,
de l'Académie de Sainte-Croix, de l'Académie de Lyon, etc.

ORLÉANS

H. HERLUISON, LIBRAIRE-ÉDITEUR

17, RUE JEANNE-D'ARC, 17

—

1886

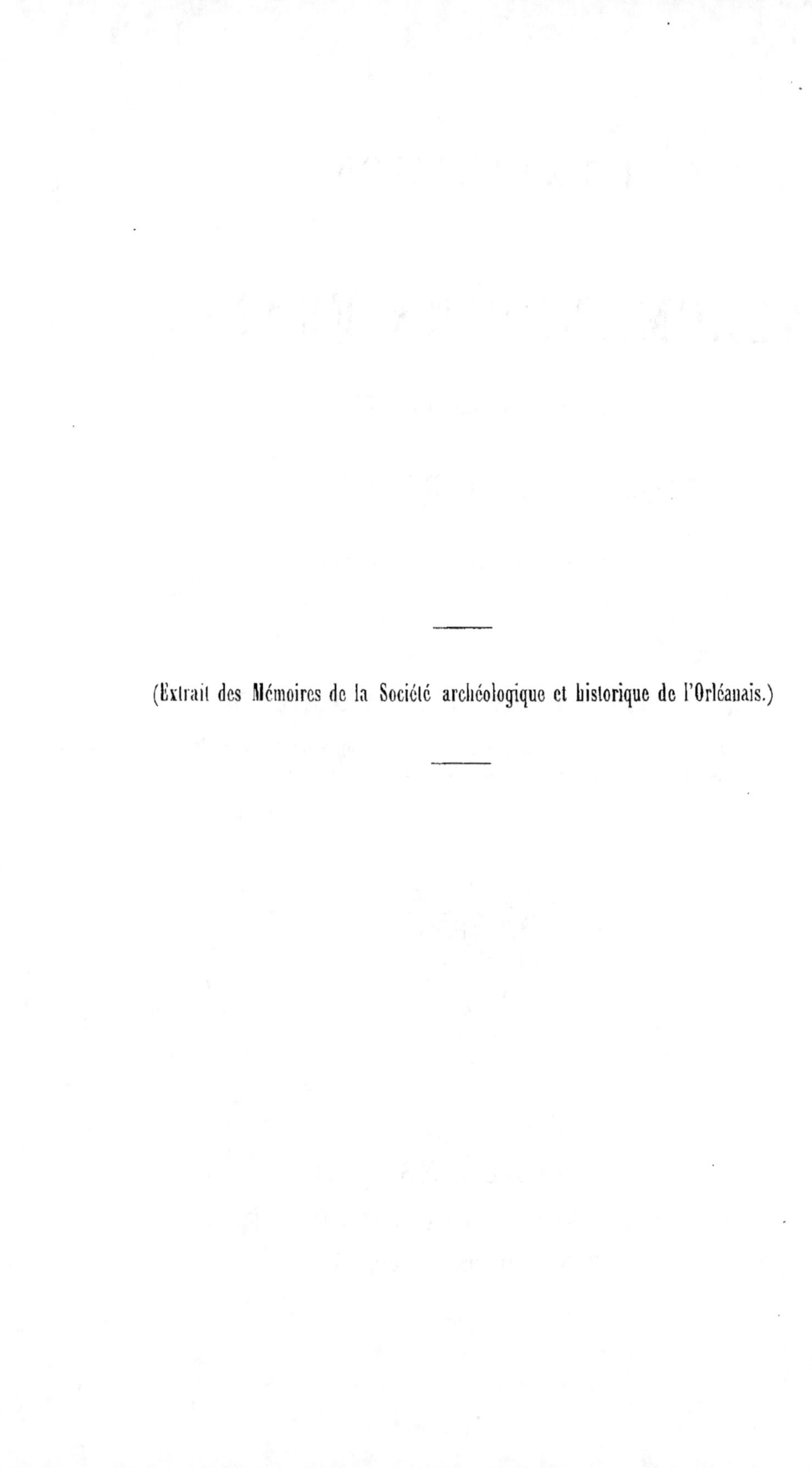

(Extrait des Mémoires de la Société archéologique et historique de l'Orléanais.)

L'EXPÉDITION DES ALLEMANDS

EN FRANCE

AU MOIS D'OCTOBRE 1575

ET LA BATAILLE DE DORMANS

D'après les pièces du temps (1).

La première guerre religieuse du XVIᵉ siècle, qui fit tant de ravages à Orléans et qui se termina sous les murs de la ville par l'assassinat du grand François de Guise, se passa du moins tout entière entre Français ; et si Coligny introduisit les Anglais au Hâvre, ce fut en compensation non des soldats, mais de l'argent que la reine Élisabeth lui avait fourni. Cinq ans plus tard, les chefs protestants faisaient déjà appel aux Allemands, et quelques reîtres figuraient dans les combats mémorables où Tavannes et le duc d'Anjou écrasèrent les réformés.

Parmi les princes protestants d'Allemagne qui favorisèrent les Huguenots chez nous de tout leur pouvoir, les deux plus puissants et plus déterminés furent Philippe, Landgrave de Hesse, et Frédéric III, Électeur Palatin. Ce dernier, ayant embrassé la doctrine de Calvin, était plus porté encore à soutenir la cause des réformés français. Il

(1) Ce mémoire a été lu à la Sorbonne, au Congrès des Sociétés savantes, *Section d'histoire et de philologie*, le 29 avril 1886.

y trouvait d'ailleurs un large profit, imposant tour à tour aux chefs de parti ou aux rois des capitulations singulièrement avantageuses pour lui, et faisant à son second fils, le duc Jean-Casimir de Bavière, la situation, très enviable pour l'époque, de général de ces fameuses bandes qui, une fois entrées en France, ne quittaient le pays que gorgées d'argent et de butin.

Ce prince, avant que le Palatinat ne fût venu par héritage à sa famille, avait été élevé en France à la cour de Henri II, où, comblé de faveurs, il apprit l'art de faire la guerre, en même temps que la connaissance parfaite de notre langue, et s'initia à tous les secrets de la diplomatie. Rentré en Allemagne pour continuer plus librement ses intrigues, il eut à lutter contre Bernardin Bochetel, évêque de Rennes, que Catherine de Médicis avait envoyé comme ambassadeur près la diète de Francfort, et qui eut l'honneur de négocier le mariage du jeune roi avec Élisabeth d'Autriche. Dans une seconde mission, en 1567, il empêcha quelque temps le landgrave de Hesse et le Palatin de prendre ouvertement parti pour les protestants français (1) ; mais, l'année suivante, Casimir se décidait à entrer en France avec quelques reîtres pour rejoindre l'armée du prince de Condé. Charles IX aima mieux traiter que de combattre. Castelnau et l'évêque d'Orléans, Jean de Morvillier, l'oncle de Bochetel, furent chargés des négociations ; et moyennant de fortes sommes pour ses soldats et une pension accompagnée de présents pour lui-même, le fils de l'électeur palatin consentit à repasser la frontière, avant que ses troupes n'aient eu le temps de se livrer à trop d'exactions et de pillages.

La mort de Condé, celle de Coligny, la Saint-Barthé-

(1) Voir Castelnau, t. I, p. 219, *et passim*.

lemy, en enlevant violemment aux protestants leurs chefs
les plus illustres, interrompent les rapports du parti avec
l'étranger. C'est le jeune prince de Condé qui, s'échappant
le premier de la cour, se charge de les reprendre. Il s'était
rendu à Heildelberg, en passant par les Pays-Bas ; et le
résident français Mondoucet écrivait au roi que, dès
le 5 juin 1574, Jean-Casimir avait pris l'engagement de se
joindre à Condé au premier signal. La reine d'Angleterre
secondait leurs communs efforts : dans les derniers jours
de juillet, Condé et Méru, le troisième fils de Montmorency, qui, comme ses frères, était en révolte ouverte contre
la cour, recevaient au château même d'Heildelberg, des
mains de l'électeur palatin, cinquante mille couronnes que
leur prêtait la reine Élisabeth et dont elle avait bien soin
d'exiger quittance. Puis, vers la fin de l'année, arrivait à
la petite cour de Frédéric III un certain Michel de la
Huguerie, gentilhomme chartrain, tout dévoué aux Bour-
bons et qui était devenu à l'étranger le représentant officiel
du parti protestant français. Il avait été attaché comme
secrétaire à Ludovic de Nassau, et ne l'avait quitté qu'après
sa disparition sur le champ de bataille de Mookerheide.
Il fut le négociateur de Condé, et tout en accordant à l'avi-
dité de Jean-Casimir d'assez honteuses concessions, il
obtint par l'électeur, son père, que l'accord serait conclu
sans retard (1). C'était, sous la forme de ce qu'on appelait
alors une capitulation, un véritable traité d'alliance à
l'effet d'introduire en France, sous la conduite du fils du
Palatin, des reîtres et des lansquenets allemands, auxquels
on adjoignit bientôt quelques régiments suisses, troupe

---

(1) *Mémoires inédits de Michel de la Huguerie*, publiés d'après
les manuscrits autographes, pour la Société de l'histoire de France,
par le baron de RUBLE. Paris, 1877, in-8. T. Ier, p. 348.

d'élite qu'on regardait comme indispensable à toute campagne bien menée « pour la bonne opinion que tout le monde a de cette nation, laquelle a toujours si bien fait en toutes les guerres et combats où elle s'est trouvée (1) ». C'est Robert de Villiers, sieur de Grafinière, du pays d'Anjou, qui fut chargé de cette négociation avec les cantons, principalement avec celui de Berne, et il y réussit en dépit des efforts de Bellièvre, ambassadeur du roi (2), qui avait mission d'empêcher les levées des Suisses pour le compte du prince protestant. Il est vrai que l'argent ne fut pas ménagé, chaque colonel recevant cinq cents florins comme entrée en campagne. Ajoutons qu'un traité secret avait été conclu le 11 avril 1575, par l'agent anglais Wiltkes, avec le duc Casimir : le prince, moyennant cinquante mille couronnes payables à Cologne, se chargeait de conduire 15 à 16,000 hommes en France, et il serait accompagné pendant la guerre d'un représentant de la reine Élisabeth dont il serait tenu de prendre conseil.

Condé et la Huguerie eurent-ils connaissance de cet arrangement ? Toujours est-il qu'ils n'hésitèrent pas à souscrire pour leur propre compte à « un accord odieux quand il n'eût pas été absurde et inexécutable (3) ». Entre autres concessions exorbitantes, ils garantissaient au prince allemand la possession des trois Évéchés, que l'Empire tenait tant à enlever à la France. L'original de ce traité

---

(1) *Recueil des choses iour par iour avenues en l'armée conduite d'Alemagne en Frāce par Monsieur le prince de Condé*, 1577. In-8°.

(2) Voir ses dépêches dans le volumineux recueil de la Bibliothèque nationale, fr. 15890 à 15916. 26 vol. in-fol.

(3) *Histoire des princes de Condé*, par M. le duc d'AUMALE. Paris, 1864. T. II, p. 112.

est à la Bibliothèque nationale (1). « En le lisant, dit l'his·
torien des Condés, on ne sait qu'admirer le plus, ou de
l'outrecuidance des prétentions du Palatin, ou de la naïveté
avec laquelle il semble recevoir les chimériques engage-
ments de ses alliés. » Mais il était doublement garanti du
côté de l'argent : cela, sans doute, lui suffisait.

Peu de temps après la conclusion de cette étrange
« capitulation », le duc d'Alençon s'échappait des Tuileries
dans la nuit du 15 au 16 septembre 1575 : les Huguenots pouvaient espérer qu'ils trouveraient dans ce jeune
ambitieux un nouvel et puissant allié. La révolte ouverte
du frère du roi enhardit les princes allemands et les décida
à entrer immédiatement en France. Une avant-garde de
reîtres et de Suisses se mit en marche, sous la conduite
de Montmorency-Thoré, pour rejoindre Monsieur. Elle
envahit la Champagne, forçant Antoinette de Bourbon, la
vieille grand'mère des Guises, à quitter sa résidence de
Joinville pour se réfugier à Saint-Dizier. La cour prit
l'épouvante. Henri III, réveillé tout d'un coup au milieu
de ses fastueux plaisirs, n'avait ni argent, ni soldats ; il fut
forcé de recourir aux princes Lorrains, dont les domaines
héréditaires étaient du reste les plus exposés à l'invasion :
il chargea le jeune duc de Guise, que les catholiques
regardaient déjà comme leur seul chef, du soin de sauver
la patrie. On lui composa à la hâte une petite armée, et
on lui donna pour lieutenants Strozzi et Biron. Il avait de
plus à sa suite ses frères, Mayenne et Aumale, le marquis
d'Elbeuf, le maréchal de Retz, La Châtre et Fervacques,
qui revenait de son inutile campagne pour conserver à
Henri de Valois le trône de Pologne.

(1) Voir Ve de COLBERT, t. 399. — Les tomes 7 et 8 de la même
collection contiennent, rangées par ordre chronologique, beaucoup
de pièces sur les reîtres, J. Casimir, etc., de mai 1575 à août 1576.

Guise n'hésita pas à engager ses propres biens pour augmenter le nombre de ses troupes et ses ressources financières. Sans vouloir suivre la reine-mère dans ses tentatives de négociations avec le duc d'Alençon, il quitta Paris le 2 septembre, pour se diriger vers la Lorraine. Il atteint bien vite les forces protestantes, que commandaient Clervaut et Thoré, l'un avec deux mille cinq cents cavaliers allemands, l'autre avec cinq cents Français. Il surveille leur marche vers les Ardennes, les voit passer la Meuse, et vient rapidement s'établir à Suippe-la-Longue près Mézières, tandis que l'ennemi occupe Attigny sur l'Aisne. Durant trois jours, il suit les Huguenots pas à pas dans leurs mouvements vers la Marne, cherchant une occasion favorable pour les forcer au combat. Enfin, il les rejoint le 10 octobre au Port-à-Pinson, sur les bords de la rivière, que les bagages des reîtres commencent à passer. Caché derrière un bois, Guise lance en avant Strozzi et Fervacques comme pour une simple escarmouche ; puis, vers deux heures de l'après-midi, il ordonne l'attaque générale, que dirige avec une grande impétuosité Mayenne à la tête de toute l'avant-garde. Lui-même s'élance avec le gros de ses troupes. Bientôt l'ennemi est rompu et perd beaucoup de monde dans une retraite qui se change en véritable déroute. Deux cornettes, « menées batant un cart de lieue », puis enveloppées, se rendent à merci, en implorant la grâce d'entrer au service du roi. Clervaut est pris ; Thoré réussit à se sauver « avec peu de gens et moins de réputation », et rejoint Monsieur avec une poignée de cavaliers avant qu'il n'ait atteint Châtellerault (1). Parmi les prisonniers se trouvait le duc des Deux-Ponts. « Où alliez-vous? lui dit le duc de Guise. — Trouver le duc d'Alencon, pour

(1) *Mémoires du duc de Bouillon.*

le faire roi », répondit le prince allemand. L'impétuosité
française triomphait une fois de plus dans ce petit combat
de Dormans.

« J'y estois, écrit le fils du maréchal de Tavannes, avec
ma compagnie de soixante maistres. » Guise, avec une bra-
voure téméraire, avait attaqué les reîtres, n'ayant sous la
main que deux cents gentilshommes et deux cents arque-
busiers à cheval, dont le feu mit le désordre dans les rangs
allemands (1). « Environ quinze cents chevaux ennemis se
retirent en gros, continue Tavannes ; je reste seul à leur
suite avec soixante. Ils passent la Marne, moy après. Ils
entrent par dedans un bois où eux et nous fusmes longtemps à passer. M. de Guise chercha un passage plus bas,
et se trouva à leur flanc quand ils sortirent du bois ; il
fut blessé d'un arquebusier qu'il vouloit tuer (2). » Mais le
maréchal de Biron arriva à propos avec la cavalerie pour
le dégager et acheva la déroute des reîtres. On lit de même
dans un récit écrit deux jours après la bataille : « Monseigneur de Guyse, poursuyvant la victoire, estant son cheval
demeuré las et ne pouvant plus aller, trouva un de ses
gens monté sur une bonne haquenée, laquelle il prinst,
et accompagné de trente chevaulx, s'advança de façon
qu'ung reistre luy donna ung coup de pistolet au visaige ;
il est ung peu blessé (3). »

(1) Duplessis-Mornay était à la suite de Thoré et de Clervaut ; il
chargea avec les reîtres et fut pris par la compagnie des deux fils
du maréchal de Tavannes, Jean et Guillaume : il ne dut la vie qu'à
un gentilhomme bourguignon nommé La Borde. (*Mém. de M*^me *Duplessis-Mornay*, p. 24.)

(2) *Mémoires de Guillaume de Saulx-Tavannes*, in-fol., p. 35 ;
à la suite des *Mémoires de Tavannes*.

(3) Lettre du seigneur d'Humières, gouverneur de Péronne, du
15 octobre 1575. Archives de Bruxelles. — Voir *les Huguenots et les
Gueux*, par M. le baron Kervyn de Lettenhove, t. III, p. 359.

Guise fut rapporté sanglant sur des branches d'arbre. Le mal était plus grave qu'on n'avait cru d'abord : le coup, tiré à bout portant, lui avait emporté « une grande partie de la joue et de l'oreille gauche ». Il resta six semaines à Épernay, souffrant cruellement de sa blessure et pouvant à peine prononcer quelques paroles. Mais il recueillait de ce haut fait une popularité presque égale déjà à celle de son père et le glorieux surnom de Balafré, sous lequel il sera désormais connu. Il était à vingt-cinq ans chef de parti incontesté, ayant tout un peuple derrière lui et plus puissant que le roi de France.

Par une singulière rencontre, le farouche d'Aubigné lui-même s'était trouvé combattre cette fois dans les rangs catholiques, sous la bannière du jeune duc de Guise. Il avait pourtant vingt-trois ans à cette époque, et le souvenir de la Saint-Barthélemy n'était pas éloigné, sans parler du fameux serment d'Amboise. Mais il explique assez cavalièrement dans ses *Mémoires* cette grave infraction à une rigidité de principes qu'il poussa plus tard jusqu'au fanatisme. Parlant de certaines aventures galantes, auxquelles le mêlait naturellement sa situation près du roi de Navarre, il ajoute : « Cela fut cause qu'il (d'Aubigné) se trouva à la bataille de Dormans, toujours sans prester aucun serment, pour le désir qu'il avait de sauver le comte de Laval (Montgommery). En ceste meslée où il entra trente pas devant les rangs, il ne luy peut tomber aucun chef entre les mains, mais seulement un gentilhomme de Champagne, nommé des Vergers, qui importuna son maistre de recevoir rançon ; il la refusa quoyqu'il n'eust pas un escu ni un cheval, quoyque le sien fust blessé à la teste, mais il dit à son prisonnier :

> Hélas ! combien m'est ennuyeuse
> Cette demeure malheureuse...

avec le reste du couplet.

« Ce voyage donna une grande familiarité à Aubigné avec M. de Guise, ce qui ne nuisit point à le maintenir en la cour et à en accroître une plus grande entre son maistre (le roi de Navarre) et le duc (1). »

Ramené à Paris, dès qu'il fut transportable, Henri de Guise continua en effet à vivre côte à côte avec Henri de Navarre, qui était alors censé converti à l'église romaine.

Mais quelque glorieux qu'il eût été pour les armes catholiques, le combat du 10 octobre n'avait pas terminé la guerre. Deux mille reîtres avaient bien été mis en fuite ou faits prisonniers. Quant au reste des Luthériens, il avait effectué son entrée en France vers un autre point, sous la conduite de Condé ; et dès le commencement de janvier 1576, la Lorraine était envahie, puis le Bassigny, la Franche-Comté, la Bourgogne et le Bourbonnais. Les Allemands épuisaient d'autant plus nos provinces, que leurs soldats, n'étant pas payés, se livraient à des excès qui surpassaient tout ce qu'on avait encore vu (2). Ils occupèrent successivement Dijon, Citeaux, Nuits, Beaune, Chagny, descendant ensuite vers La Palisse, Vichy, l'abbaye de Rys, Ganat. Le duc de Mayenne, quoique bien jeune encore, mais illustré déjà par de nombreux actes de valeur autant que par le récent succès de son frère, avait reçu le commandement de l'armée royale, « pour s'opposer aux forces estrangères entrées en France (3) ». Il ne put engager que

---

(1) *Mémoires d'Agrippa d'Aubigné*, Ed. Lalanne. In-12, 1854, p. 29 et 30.

(2) *Histoire des princes de Condé*, t. II, p. 114.

(3) Lettre de Henri III, datée de Paris, du 5 février 1576.

qnelques escarmouches dans les mois de février et de
mars (1), harcelant avec de faibles troupes un ennemi très
supérieur en nombre, à la tête duquel était venu se
mettre Jean-Casimir. Le roi de Navarre s'était à son tour
échappé de la cour pour rejoindre ses partisans et profiter
du désordre que la révolte du duc d'Alençon et celle de
Damville en Languedoc jetaient dans le royaume.
Henri III, par ses hésitations et son inertie, s'était enlevé
tous moyens de résistance.

Le prince bavarois pouvait continuer sans crainte ses
ravages au travers de la France. Il prit le parti de se diriger
vers le Gâtinais et l'Orléanais, logeant le 11 avril à « Dame-
Marie-sur-Loing », allant de là « à Chastillon, à Chasteau-
Regnard, à Gy-les-Nonnains, à l'abbaye de Ferrières, à
Chasteau-Landon, puis vers les pleines de Beauce, gagnant
Guillerval et Étampes ». Mais, se heurtant aux troupes qui
défendaient Paris et que le duc de Guise, remis de sa
blessure, avait réorganisées avec son entrain ordinaire, ne
voulant pas engager une action sérieuse, les reîtres rebrous·
sèrent chemin vers « Beaumont, Brierre, Puiseaux et
Malesherbes », dont ils saccagèrent le château appartenant
au gouverneur d'Orléans, d'Entragues (2). Il y avait là des
greniers considérables remplis de blé : les Allemands les
pillèrent, et gorgèrent si bien leurs chevaux de grains, qu'ils
en firent mourir un grand nombre, dont les cadavres cou-
vrirent pendant quinze jours tous les champs de la Beauce.
Hubert Languet raconte que la contrée qui s'étend entre
Orléans et Paris était dévastée à tel point, que les voya-

(1) Le duc de Mayenne, dans deux lettres écrites au roi, les 3 et
10 février 1576, donne les plus tristes détails sur l'état de l'armée
qu'il est réduit à opposer aux reîtres. (Biblioth. nat., Vᶜ de Colbert,
vol. 8, fᵒˢ 55 et 72.)

(2) *Recueil de choses*, etc., p. 147.

geurs qui étaient forcés de la parcourir devaient prendre
du pain avec eux, car ils n'en auraient trouvé nulle part
sur leur route (1).

La reine-mère et son fils le duc d'Alençon, s'étant rap-
prochés de l'armée étrangère, bien décidés à acheter sa
retraite, commencèrent avec le prince de Condé des négociations qui, rapidement menées, aboutirent le 6 mai au
traité de paix signé à Étigny, petit bourg à une lieue de
Sens. Casimir, toujours avide, ne céda pas sans peine aux
instances de ses alliés. Un moment même il menaça de
rompre entièrement l'accord convenu avec Catherine de
Médicis au nom d'Henri III. Il fallut que les princes
français s'engageassent personnellement envers lui. La
Huguerie, tout en vantant sa modération, avoue qu'il
exigea du roi « sept belles baronnies en Bourgogne, avec
le duché d'Estampes et vingt mille livres de rente annuelle,
payable à l'espargne, et vingt mil livres de pension en
qualité de chef des estrangers qui seroient levez en Allemagne pour le service de la couronne de France..., et,
pour l'honorer, le roy lui donna une compagnie de cent
hommes d'armes, et le duc d'Alençon y adjousta, pour le
contenter de sa part, le Chasteau-Thierry, le tout revenant
bien à cent mille livres de rente, ce qui fut ainsi accordé
pour son particulier (2) ». Des cautions furent prises par
lui pour la solde de ses troupes, et ce fut la condition for-
melle qu'il mit à la publication de l'édit de pacification.
On sait que le duc d'Alençon, de son côté, ne négligea pas
ses intérêts. Ce n'est pas pour rien que ce traité a gardé
dans l'histoire le nom de « Paix de Monsieur ». Le frère
du roi s'appliqua à dépouiller et à humilier la royauté.

(1) Lettre du 31 mai 1576.
(2) LA HUGUERIE, t. I, p. 419 ; — *Recueil*, etc., p. 162.

« Son apanage était si grand, dit Étienne Pasquier, qu'il absorbait une bonne partie de la France. » Quant à Condé, on lui garantissait la restitution de son gouvernement de Picardie, Péronne comme place de sûreté, et une gratification de cinquante mille livres.

Quelques jours après la signature de ce honteux traité, les étrangers commencèrent leur mouvement de retraite. Toute l'armée du duc Jean-Casimir, se dirigeant vers la Champagne, passa la rivière d'Yonne sur un pont de bateaux, construit à cet effet près de Villeneuve-le-Roi, à deux lieues au-dessus de Sens. Mais reîtres, Suisses et bandes huguenotes restèrent encore plus de trois mois en France, attendant le paiement des sommes qu'on leur avait promises pour leurs arriérés de solde et ayant en outre la prétention de s'assurer si la cour observait bien l'édit de pacification (1).

Leur départ fut salué par les acclamations de tous les pauvres gens qui avaient tant souffert de leur passage. Le poète Passerat, le futur auteur d'une partie de la *Satyre Ménippée,* s'en fit l'écho dans des vers bien français et vraiment patriotes :

> Empistolés au visage noirci,
> Diables du Rhin, n'approchez point d'ici.
> Volez ailleurs, Messieurs les hérétiques :
> Ici n'y a ni chappes, ni reliques....
> Encore un coup, sans espoir de retour,
> Vous trouveriez le roi à Montcontour :
> Et en fuyant, batus et désarmés,
> Boiriez de l'eau, que si peu vous aimez.

En effet, au bout de dix ans, l'invasion allemande devait revenir plus terrible encore pour nos provinces du centre,

(1) *Mémoires de la Huguerie,* t. I, p. 414.

mais cette fois la prédiction de Jean Passerat s'accomplissait. Ce fut le même duc Henri de Guise qui se chargea en 1587 de repousser les étrangers ; il les battit et les dispersa à Vimory et à Auneau (1) plus complètement qu'il ne l'avait fait à Dormans ; et la plupart d'entre eux laissèrent leurs os dans ces plaines de Beauce, qui deux fois s'étaient vues livrées à leurs pillages et à leurs exactions.

G. BAGUENAULT DE PUCHESSE.

(1) Voir, dans le tome XX des *Mémoires de la Société archéologique de l'Orléanais*, le travail intitulé : *La campagne de 1587.*

IMP. GEORGES JACOB, — ORLÉANS.

APPENDICE [1]

————··∞··————

PIÈCES IMPRIMÉES RELATIVES A LA CAMPAGNE DE 1575

————

Déclaration de Henry de Bourbon auiourdhuy troisiesme Prince du sang de France, Prince de Condé, Pair de France, et accöpaigné de plusieurs Seigneurs Gentils-hommes de l'une et l'autre Religion. — A La Rochelle, suyvant la copie imprimée à Strasbourg, 1574, in-8° de 10 fol.

Condé expose ses griefs au roi, au double point de vue religieux et politique, et il se plaint de ce qu'on retient prisonnier « la personne sacrée de mon dit sieur le Duc et du Roy de Navarre », soupçonnés de vouloir quitter la Cour pour se rendre près de lui.

Déclaration de Très illustres princes et Seigneurs, les duc

(1) Voici dans quels termes le *Journal officiel* du 1ᵉʳ mai 1886 a rendu compte de la présente communication :

« Ce travail est fait presque uniquement d'après des renseignements puisés dans les pièces ou plaquettes imprimées à l'époque même et dont l'auteur a dressé une bibliographie aussi complète et détaillée que possible. Il a pu ainsi retracer, presque jour par jour, l'histoire de ce court épisode de nos guerres religieuses du XVIᵉ siècle et de la brillante campagne contre Jean-Casimir de Bavière et les reîtres, qui valut au duc Henri de Guise son surnom de *Balafré*. Beaucoup de noms de lieux, traversés par les envahisseurs allemands, sont ainsi retrouvés dans de petites brochures, dont quelques-unes sont devenues fort rares et qui peuvent fournir des renseignemennts très-curieux pour l'histoire de France, à cette époque où protestants et catholiques faisaient un grand usage de l'imprimerie... »

d'Alençon et Roy de Navarre, portant tesmoignage de leur droite intention et bonne volonté envers la Majesté du Roy : avec résolution de s'opposer et courre sus à ceux qui luy seront rebelles. — A Lyon, par Michel Iove, 1574, avec privilège, in-8° de 3 fol.

La déclaration est datée du bois de Vincennes, le 24 mars 1574.

Protestation de Monseigneur filz et frère de Roy, Duc d'Alançon. — S. l., imprimé nouvellement, 1575, in-8° de 7 fol.

Datée de Dreux, le 17 septembre 1575.

Missive de très illustre prince Henry, prince de Condé, duc de Bourbon, etc. Envoyée à très illustre prince Jean-Casimir, comte Palatin du Rhin, duc de Bavière, etc. Escrite de Strasbourg, le 18 de septembre 1575. — S. l., 1575, in-8° de 11 fol.

Condé se plaint de l'oppression des protestants depuis la Saint-Barthélemy et demande à Casimir des secours, se disant d'accord avec ses cousins Messieurs Méru et Thoré. L'original de cette lettre se trouve dans les V⁰ de Colbert, vol. 399, fol. 173. Seulement elle est datée de Strasbourg, le 17 octobre.

Déclaration de Monseigneur le Prince de Condé, contenāt les causes de son voyage en France avec main armée vers Monseigneur le Duc fils et frère du Roy. Ensemble les ordonnances militaires de ses armées. — S. l., 1576, imprimé nouvellement, in-8° de 24 p.

Négociation de la Paix, ès mois d'avril et may 1575, contenant la requeste et articles présentez au Roy par M. le Prince de Condé, M. le Mareschal de Danville, Seigneurs et gentilshommes catholiques associez, avec la responce du Roy ausdits articles. — S. l., in-8° de 356 p.

C'est le 22 mars 1575 que commencèrent ces négociations, qui se poursuivirent très longtemps sans aboutir, et dans lesquelles l'évêque d'Orléans, Morvillier, joua un assez grand rôle.

Remonstrance au Peuple français, qu'il n'est permis à aucun subjet, sous prétexte que ce soit, se rebeller, ne prendre les armes côtre son Prince et Roy, ny attenter côtre son Estat, le tout prouvé par l'Écriture sainte, par F. Ch. Beaux-amis, Carme, doct. en théologie. — A Paris, chez G. Chaudière, 1575, in-8° de 34 fol.

Lettres du Roy, portant inionction de faire dresser un estat de tous gentilshommes habiles à porter armes, et les advertir d'eux tenir prests : de perseverer en la fidélité et obéissance qu'ils doivent à sa Maiesté, et ne suivre Monseigneur d'Alençon, ny cevx de son party. — A Paris, par Federic Morel, 1575, in-8° de 6 fol.

La pièce, signée *Henry* et contre-signée Brulart, est datée de Paris, le 27 septembre 1575 ; et à la suite se trouve une ordonnance du prévost de Paris pour la confection des rôles des gentilshommes « dedans huitaine », datée du Chastellet de Paris, le 1er octobre 1575.

De Rhetis sive Germanis aciem advehentibus trans Rhenum adversus Gallos, Gabrielis Bonyni Castrorodolphæi Biturici in suprema Parisiensi Curia advocati, Carmen. — Ad illustrem egregiumque virum Ph. Huraldum Chivernæum sacri Prætorii consiliarium. — *Lutetiæ*, *in officina Roberti Stephani*, 1576, in-4° de 4 fol.

Les vers sont de la bonne facture classique. L'auteur adjure les Allemands de ne pas envahir la France, où ils auraient le sort des Cimbres ; mais il n'y a pas un nom propre, ni un détail particulier. C'est une simple amplification de rhétorique.

Epistre consolatoire a Messieurs les paroissiens de Saint-Eustache à Paris, contre le present espouventement causé et provenât des guerres civiles, sédition et misère de ce siècle et teps présent. Escrite à ieux, par M. René Benoist, leur Pasteur et Curé. — A Paris, chez Nicolas Chesneau, 1575, in-8° de 8 fol.

C'est une exhortation chrétienne sans originalité, toute bourrée d'exemples tirés de la Bible. La lettre est datée d'Angers, 30 septembre 1575.

La deffaicte des Reistres et autres rebelles, par Monseigneur le Duc de Guise. — A Paris, par Denis Du Pré, 1575, in-8º de 8 fol.

Bataille du 10 octobre donnée d'après l'auteur « au port à Pinson », qui est « à trois lieues deça Espernay, sur la rivière de Marne ». « Clairevau », colonel des Allemands, fut fait prisonnier. Un *Te Deum* fut chanté solennellement le mercredi 12 à Notre-Dame.

Le Vrai Discours de la deffaicte des Reistres par Monsieur le Duc de Guyse, le lundy dixiesme d'octobre 1575. Ensemble la poursuyte qui a esté faicte à l'encontre d'iceux. — A Paris, chez Jean de Lastre, in-8º de 8 fol. non pag.

Le lieu du combat est appelé « le port de Pinçon ». Dans la poursuite Guise est blessé à la joue d'un coup d'arquebuse ; on le transporte à Espernay.

Ad Beatiss. Virginem Mariam, Lætitiæ nomine apud Gallos Cōsecratam, orratio : Ob felicem Henrici III, Galliæ Regis Invictiss. Henrico Guisio Regis exercitus duce, victoria. — Io. Aurato Poeta Regio Auctore. Lutetiæ, ex officina Fed. Morelli, 1576, in-8º de 4 fol.

Rien de particulier : le nom de la bataille n'est même pas indiqué, ni la blessure du duc de Guise rappelée. Voici les quatre meilleurs vers :

> Rettulit (Deus) inde Ducem salvum, salvamque cohortem,
> Cantantem Henricosipsa sub astra duos :
> Henricum Regem, quo Dux fuit auspice victor ;
> Henricum, victrix quo Duce turma fuit.

A la suite une autre pièce intitulée : *Ad belli civilis auctores et eorum socios,* qui commence ainsi :

> Quis furor. O Cives ?

La Tresve generalle et suspension d'armes, accordée par le Roy avec Monseigneur le duc d'Alençon frère de Sa Maiesté, par tout son royaume, païs, terres et seigneuries de son obéissance. — A Orléans, Eloy Gibier, sans date.

Articles arrêtés à Champigny, le 21 novembre 1575. La paix fut publiée à Orléans et au Portereau par Pierre Baignet, le 2 décembre 1575.

*Articles de la Trefve arrestée à Champigny, le 22. iour de
novembre 1575.* — A La Rochelle, par Jean Portau, 1576,
in-8º de 8 fol.

C'est la trève conclue par la reine-mére avec son fils d'Alençon pour
« empescher le grand nombre d'estrangers qui, d'une part et d'autre,
sont près à entrer dans ce Royaume ».

*Recueil des choses iour par iour avenues en l'armée, con-
duite d'Alemagne en Frāce, par Monsieur le Prince de
Condé, pour le restablissement de l'Estat du Royaume et
nommément pour la Religion : commençant au mois
d'octobre 1575, et finissant au mois de may suyvant, que la
paix, non paix, fut publiée à Étigny, près Sens.* — 1577.
S. l., in-12 de 167 p.

Cet écrit, absolument protestant, est rempli de renseignements inté-
ressants qui semblent puisés aux mêmes sources que les *Mémoires* de
la Huguerie.

*Discours de la paix publiée au camp de Setigny et à Sens,
Et depuis aussi à Paris, le Roy seant en sa cour de Parlement.* — A Orléans, par Eloy Gibier, imprimeur de la ville
et de l'Université, suyvant la copie imprimée à Paris par
Denis Dupré. S. d., in-8º de 7 p.

Le discours, après une exhortation de bon sens à la paix, raconte les
conférences des « députez de Monsieur et du Duc Casimir » tenues à
Paris pour préparer le traité conclu le 5 mai 1576 et publié à Sens,
dès le 6, en présence du cardinal de Bourbon.

*Déclaration du Roy sur l'innocence de Monseigneur le Duc
de Montmorency, Pair et Mareschal de France, Gouverneur et Lieutenant général pour sa Maiesté à Paris et Isle
de France.* Vérifiée, leüe et publiée en la cour du Parlement, le septième iour de may 1576. — A Lyon, par Benoist
Rigaud, 1576, in-8º de 13 p.

Montmorency avait été emprisonné à la Bastille avec le maréchal de
Cossé, le 4 mai 1574.

Sur la publication de la cessation d'armes, faicte à Paris le mardy huicticsme jour de may mil cinq cens soixante et seize. — A Paris, par Denis du Pré, sans date, in-8º de 28 p.

Congratulation sur les bienfaits de la paix, suivies d'un *Hymne à la paix* et de *Quatre Sonets au Roy.*

Harengue et remonstrance faicte aux habitans de Limoges sur le bénéfice de la Paix et plusieurs autres occurrences, par Monsieur de Chambéry, leur gouverneur. — A Paris, par Denis du Pré, sans date, in-8º de 28 p.

Il se félicite de la paix et prie Dieu qu'elle soit « longuement durable pour la félicité du royaume ». En même temps, il déclare que puisque les armes « doibvent estre déposées universellement par les villes, le commandement d'un gouverneur particulier n'est plus nécessaire », et il prend congé de ses administrés allant à son « autre gouvernemevt de Roucroy ».
Plus trois pièces de vers.

Lettres patentes du Roy, pour l'accroissement et augmentation de l'Appanage de Monseigneur le Duc d'Alençon son frère. Leües et publiées à Paris en Parlement, le 24ᵉ iour de may 1576. — A Paris, par Fed. Morel, 1576, in-8º de 14 p.

Le Roi donne à son frère « les duchés d'Aniou, Touraine et Berry, les villes, chasteau et baillage d'Amboyse », en faisant remonter la jouissance des revenus au 1ᵉʳ avril précédent.

Remonstrance aux Francoys, pour les induire à vivre en paix à l'advenir. — A Lyon, par Benoist Rigaud, 1576, in-8º de 15 p. — Le même, à Paris, chez Robert le Mauguier, 24 p. in-8º .

Cette pièce, qui a eu de nombreuses éditions, n'est qu'une banale exhortation à la concorde, où l'auteur déplore les maux qu'entraîne la guerre civile. Il insiste surtout sur le danger d'appeler en France les étrangers. « Tant de peuple fuyant devant les estrangers : sur qui en redonde la honte ?... Qui a donques receu proufit, cõtentement, honneur de nos guerres civiles, sinon l'estranger ? Accordez-vous, vuidez vos différēts amiablemēt, puisque les armes depuis seize ans ne vous ont peu accorder. Vous estes assez sages, sans appeler des estrangers pour arbitres, qui tireront des deux costez, et vous entretiendront en débat... »

Brief Dialogue exemplaire et recreatif entre le vray soldat et

le marchand français, faisant mention du temps qui court.
Avec l'adieu à la guerre. — A Lyon, par Benoist Rigaud,
1576, in-8º de 7 fol. non pag.

Observations assez originales sur les bienfaits de la paix, les maux
de la guerre, et les difficultés qu'il y a à reprendre une vie régulière
après de longues années de troubles. « Pource qu'il fasche beaucoup à
aucūs de se remettre à travailler en leur mesnage après avoir gousté
la licence de la guerre, et par ainsi venant en oubly d'eux-mesmes en
se bandant les yeux de la raison se mectent à mal faire et aymant mieux
voler et rober que retourner en leur prémière subicction. »